Damodar Paralkar
(Raja)

Was gibt es Schöneres, als
wenn Menschen sich verstehen,
wenn Menschen sich lieben …

Gedichte über die Liebe und Menschlichkeit

DAMODAR PARALKAR
(RAJA)

WAS GIBT ES SCHÖNERES, ALS WENN MENSCHEN SICH VERSTEHEN, WENN MENSCHEN SICH LIEBEN …

Gedichte über die Liebe und Menschlichkeit

VERLAG
BOOKS ON DEMAND GMBH
NORDERSTEDT

Bibliografische Informationen der Deutschen Nationalbibliothek:
Die Deutsche Nationalbibliothek verzeichnet diese Publikation in der Deutschen Nationalbibliografie, detaillierte bibliografische Daten sind im Internet über dnb.d-nb.de abrufbar

ISBN 9783752862195

Herstellung und Verlag:
BoD- Books on Demand, Norderstedt

Umschlag:
Atharva Paralkar, Dilip Shiwalkar, Mumbai und Klaus Schmidt, München

Illustrationen im Buch:
Dilip Shiwalkar und Vinay Chandorkar, Mumbai

Lektor:
Lutz Göring, Leipzig

Für

Anil und Robin

Für

Dominic und Krissi

Sie fragen mich nicht, woher ich komme.
Sie fragen auch nicht, wohin ich gehe.

Sie machen mir keine Vorwürfe, auch wenn ich etwas
falsch mache.

Sie geben mir auch keine Ratschläge, was ich besser
machen sollte.

Sie akzeptieren mich, so wie ich bin.
Das ist großartig für mich.

Ich war immer heimatlos – ein Vagabund (AWARA).
Aber Dilip, Ulhas, Prkash sowie Prabhakar, wie Dominic
und Krissi, haben mir ein Heim gegeben und sich stets
vorbehaltslos meiner angenommen.

Auch für

Bianca und Claudia

Große Worte

... und man sagte mir, Träume sind Luftblasen.
Man sagte mir, Liebe, das sind sehr große Worte.

Ich habe aber nichts als nur Worte. Ich besitze keine
Reichtümer, nicht mal eine Bleibe.
Meine unruhige Seele ist ständig auf Wanderschaft.

Ich habe nichts außer nur Worte, die ich Dir geben kann.

Wahre Liebe ist so rar auf Erden.
Wahre Liebe ist so mächtig auf Erden.
Reine Liebe ist so rar auf Erden.
Reine Liebe ist so mächtig auf Erden.

Meine Liebe zu Dir kann ich nur in Worten – in meinen
eigenen Worten – wiedergeben.

Auch wenn es mich nicht mehr gibt, auch wenn ich nicht
mehr existiere, wird meine Liebe immer bei Dir sein.

Ich habe nichts außer nur Worte, die ich Dir geben kann.

Diese meine Worte in diesem Gedichtband, widme ich
Dir, liebe Doris

Lass es bitte zu. Lass es bitte einfach zu...

Raja

Vorwort
Liebe, Menschlichkeit und Seele

Was ist die Seele?
Ich behaupte, die Seele ist rein. Die Seele ist immer wahr.
Die Seele ist unabhängig, von dem Besitzer - von dem
Menschen, dem sie gehört.
Auch ist sie von dem Menschen nicht beeinflussbar.
Somit besitzen auch schlechte Menschen - auch böse
Menschen, eine reine Seele.

Was geschieht mit der Seele, wenn Du nicht mehr da
bist?

Was ist die Liebe?
In welcher Beziehung stehen Seele und Liebe?
Warum tut es so weh, wenn die Liebe stirbt?
Die Liebe, die Menschenliebe ist etwas sehr
Wunderbares, sehr Wertvolles.

Aber reine Liebe ist rar auf Erden.
Reine Liebe ist so mächtig auf Erden.
Wahre Liebe ist genauso stark, aber auch wahre Liebe ist
so rar auf Erden.

Können auch andere Wesen genauso wie die Menschen
lieben? Ich behaupte: viel mehr, viel besser als die
Menschen.

Warum muss der Mensch um seine Liebe so viel weinen,
so viel Angst haben – auch wenn er damit so glücklich
ist?

Warum tut es so weh – auch wenn es manchmal keinen
Grund dafür gibt? Tut es anderen Wesen auch weh?
Müssen sie auch weinen?

Was ist Karma?
Gibt es ein gutes und ein schlechtes Karma?
Auch Karma ist etwas Wahres.
Es gibt kein schlechtes Karma, auch gibt es kein gutes
Karma. Frag nicht nach Deinem Karma. Frag lieber nach
dem Sinn Deines Lebens. Dann weißt Du, was Dein
Karma bedeutet. Die Seele ist frei von Karma, aber der
Mensch nicht. Wie weit beeinflusst das Karma die Liebe?

Viele, viele Fragen und keine Antwort darauf.

Was wäre, wenn es auf Erden keine Liebe mehr gäbe?
Was wäre, wenn der Mensch nicht wäre?

Du würdest mich trotzdem lieben
Ich würde Dich trotzdem lieben
Selbst wenn Du und ich
    keine Menschen wären

… und Du beruhigst meine Seele so sehr,

Du beschützt meine Seele

Du bist mein Schicksal, Du bist mein Karma
und mein Schicksal, mein Karma ist doch gut zu mir.

Raja

Danke schön

Mein Karma hat mich gesegnet mit vielen, vielen lieben Menschen, die mit mir meine Familie bilden.

Ohne diese Menschen um mich, ohne meinen Familienkreis, würde ich längst nicht mehr existieren. Sie haben mein Leben mitgestaltet, mich geformt. Sie begleiten mich durch mein Leben.

Jeden Einzeln kann ich hier nicht erwähnen, ich möchte aber bei allen recht herzlich bedanken.

Mein besonderer Dank gilt aber
- Doris Ruckert,
- Klaus Schmidt,
- Detlef Korber,
- Norbert Lasert und
- Lutz Göring,
die bei der Gestaltung dieses Werkes entscheidend beteiligt waren.

Also, Danke an Euch alle.

Inhalte

Der Zauber Deiner grünen Augen ....- 15 -
Was gibt es Schöneres, als ....- 17 -
Is there something better than … ....- 20 -
Größe Sehnsüchte ....- 22 -
Halt Dich einfach an mir fest ....- 26 -
Meine Art, Dich zu lieben..................................- 30 -
Bitte warte dort auf mich ....- 34 -
Ohne Worte...- 38 -
Das Wunder, worauf er wartete ....- 42 -
Mein Weg ....- 46 -
My way ....- 48 -
Dich kann man ja nicht bändigen ....- 49 -
Ich weiß, was Liebe ist ....- 50 -
Ich liebe Dich so sehr…....................................- 54 -
Dein Lächeln ist ein Gedicht ....- 57 -
Ich wünschte mir …...- 60 -
Ich wünschte mir so sehr … ....- 63 -
Ich bin vielleicht anders als die Anderen.............- 64 -
Der Beginn eines wahren Märchens ....- 67 -
Wo Liebe ist, da ist auch das Leben ....- 68 -
Heiratsantrag...- 70 -
Der Glaube..- 73 -
Das Leben ist schön ....- 74 -
Die Welt ist aus Herzen gemacht........................- 77 -
Die göttliche Liebe (The Divine Love)...............- 80 -
Bitte lass mich nicht allein auf dieser Welt ....- 84 -

Und wartet immer noch weitere dreißig Jahre.... - 87 -

Der müde Wanderer .... - 89 -

Hätte ich doch nur noch einen Tag mehr…......... - 94 -

Zweidrittel meines Herzens… .... - 99 -

Erwartungen .... - 101 -

Schön, sich zu verlieren, sich zu vergessen ...... - 104 -

Sein Schicksal, seine Bestimmung .... - 106 -

Das ist doch nicht das Ende der Welt … .... - 109 -

Und sie brachten meinen Hund um … .... - 111 -

Wer bist Du? .... - 114 -

Das lässt mein Herz höher schlagen .... - 118 -

Endlich hast Du Dich in mich verliebt … .... - 121 -

Sternschnuppennacht .... - 123 -

Das erste Menschenkind .... - 127 -

Liebe aller Wesen .... - 129 -

Lass einfach den Zug vorbei fahren… .... - 132 -

Der kleine Rebell .... - 135 -

Die Überlebensstrategien .... - 137 -

Ich verstehe Deine Sprache nicht .... - 140 -

Man vadhal vadhal (Der Geist so stur, so stur ..) von Bahinabai Chaudhari .... - 142 -

Sonnet #18: Shall I compare thee to a summer's day? by William Shakespeare .... - 145 -

Der Zauber Deiner grünen Augen

Deine grünen Augen
        als sie zum ersten Mal die meinen trafen,
        wurde der Mond eifersüchtig,
        denn sie lassen den Mond verblassen
Das war wunder wunderbar
Das genoss ich sehr
(Maza aa gaya)
Das war wunder wunderbar

Deine grünen Augen
        als sie zum ersten Mal die meinen trafen,
tausende Blitze durchbohrten tausend mal mein Herz
Das war wunder wunderbar
Das genoss ich sehr
(Maza aa gaya)
Das war wunder wunderbar

Deine grünen Augen
        als sie zum ersten Mal die meinen trafen.
tausende Schmetterlinge flatterten in meinem Bauch
Das war wunder wunderbar
Das genoss ich sehr
(Maza aa gaya)
Das war wunder wunderbar

Deine grünen Augen
       bevor sie zum ersten Mal die meinen trafen,
       war ich ein Vagabund, ohne Reichtümer und
ohne Bleibe
Deine grünen Augen
       als sie zum ersten Mal die meinen trafen,
fühlte ich mich beschützt, fühlte ich mich geschützt
Das war wunder wunderbar
Das genoss ich sehr
(Maza aa gaya)
Das war wunder wunderbar

Deine grünen Augen
Der Zauber Deiner grünen Augen
       hält mich am Leben
       lässt mich Dich lieben - bis in die Ewigkeit
Bitte lass es zu, lass es einfach zu

Rödelsee, am 08.05.2018 um 18:00 Uhr

Was gibt es Schöneres, als ...

Das Wesen Mensch
    eigenartig, aber was Besonderes
Was gibt es Schöneres, als
    wenn Menschen sich verstehen?

Wir haben nicht gesehen,
    woher wir kommen
wir werden auch nicht sehen,
    wohin wir gehen werden
Was gibt es Schöneres, als
    wenn Menschen sich trotzdem begegnen?

Das Leben
    ist ein Gedicht
Die Liebe
    ein Traum
Was gibt es Schöneres, als
    wenn Menschen sich lieben?

Würden alle Menschen
    nur einen einzigen Tag
    freundlich zu einander sein,
wird die Liebe auf der Erde
    im Überfluss sein
Was gibt es Schöneres, als
    wenn Menschen endlich menschlicher werden?

Dann bin ich so froh und glücklich
    und Dir auch so dankbar
    dass Du mich noch so sehr liebst
Was gibt es Schöneres, als
    wenn wir uns bis in die Ewigkeit lieben?

München, am 20.07.2012

Is there something better than ...

The species "human being"
very peculiar but something special
Is there anything better than
if the people have the common understanding?

We haven't seen
    where we come from
we won't never know
    where do we proceed
Is there anything better than
    if people nevertheless unify?

Life
    is a poetry
Love
    is a fantastic dream
is there anything better than
    if people love each other?

Would everyone
    be friendly among each other
    just only for a single day
the love will be in abundance on the earth
is there anything better than
    if human beings after all become humanly?

I am then
    so much glad and happy
    and also so grateful to you
    that you still love me so much
is there anything better than
    if we love each other up to the eternity?

Munch, dated 20th of July 2012

Größe Sehnsüchte

Wenn es mich nicht mehr gibt
wenn ich nicht mehr da bin
bitte sei nicht traurig
bitte weine nicht
Ich bin ja bei Dir
■

Schau da drüben
ein trostloser Berg,
ein vertrockneter alter Baum
hab keine Angst
Du siehst meine Seele wandern
mit dem Wind leise singen
große Sehnsüchte nach Dir
Ich bin ja bei Dir
■

Schau da drüben
am anderen Ufer des Flusses
wenn Du einsam spazierst
hab keine Angst
Du siehst meine Seele wandern
mit dem Wind leise singen
große Sehnsüchte nach Dir
Ich bin ja bei Dir
■

Schau da drüben
Vollmondnacht
Bäume, Wolken werfen Schatten, machen Angst
hab keine Angst
Du weißt meine Seele herumgeistern
mit dem Wind leise singen
große Sehnsüchte nach Dir
Ich bin ja bei Dir
■

Schau da drüben
ich redete und redete wie ein Wasserfall
den man nicht bändigen kann
hab keine Angst
Du merkst, dass
meine Seele nun endlich schweigt
kein Ton, kein Wort
trotzdem große Sehnsüchte nach Dir
Ich bin ja bei Dir
■

Schau da drüben
Den Gott bat ich
Dich zu beschützen
auf Dich aufzupassen
hab keine Angst
Der liebe Gott passt auf Dich auf
der liebe Gott beschützt Dich
Auch meine Liebe
ist ja bei Dir
■

Nun bin ich endlich frei
nun ist endlich meine Seele frei
hab keine Angst
meine Liebe ist bei Dir
ja, meine Liebe, die ist bei Dir

Liebes, ich bin ja bei Dir

Markt Schwaben, am 08.08.2012 um 22:00 Uhr

Halt Dich einfach an mir fest

Deine noch so kleinsten Zweifel
    Deine noch so kleinsten Ängste
Ich sehe Dir Deine Sorgen an
Man sagt: Sorgen essen Seelen auf
Halt Dich an mir fest
ich lass Dich nicht fallen
Ich nehm Dir
    Deine Sorgen weg

Hab keine Zweifel
    hab keine Ängste
    sei nicht traurig
Halt Dich an mir fest
ich lass Dich nicht fallen
Ich schenk Dir
    einen schönen Traum
Du siehst
    wie schön doch das Leben ist

Hab keine Sorgen
    gib niemals auf
 Deine Seele ist rein
Halt Dich an mir fest
ich lass Dich nicht fallen
Meine Seele begleitet
    Deine Seele ewig
Du siehst
    wie frei doch Deine Seele ist

Du bist das wundervollste Wesen
    auf Erden
Du bist das wertvollste Wesen
    in allen Welten
Halt Dich an mir fest
Ich lass Dich nicht fallen
Ich beschütz Dich
    mit so viel Liebe
Du fühlst
    es lohnt sich zu leben

Reine Liebe so rar in der Welt
    reine Liebe so mächtig in der Welt
Meine Liebe zu Dir so wahr
    meine Liebe zu Dir so rein
Lass es einfach zu
Halt Dich an mir fest
Ich lass Dich nicht fallen

Ich lieb Dich bis in die Ewigkeit
    auch nach dem Tod
    dann noch mehr, dann noch besser
Halt Dich einfach an mir fest
ich lass Dich nicht fallen

Bitte halt Dich an mir fest

Markt Schwaben, am 22.08.2012 um 23:50 Uhr

Meine Art, Dich zu lieben

Schau:
Der uralte Baum
     wie ein Greis
     meditiert er vor sich hin
Steht einsam und allein
     auf dem kahlen Berg
     nichts ist weit und breit

Er wartet und wartet
     von Ewigkeit bis zur Unendlichkeit
Wer mag wohl verstehen
     seine Einsamkeit
     seine Sehnsüchte
     seine Träume
     sein Veranlagen nach Liebe?

Er betet und betet
     und wartet und wartet
     auf die Erfüllung seiner großen Liebe
Der Wind, der Himmel
     die Sterne, der Mond
     leiden mit ihm so sehr
     wissen nicht
     ihn zu beruhigen
     ihn zu trösten

Er betet und betet
  und wartet und wartet
  auf Erfüllung seiner großen Liebe
Der Blitz
  als Einziger weiß
  ihn zu erlösen
  ihn von seinen Qualen
  zu befreien

Schau:
 … nun gibt es
 ihn nicht mehr
 Liebe, die Liebe
 die hat ihn zerstört …
Schau
 Du siehst ihn
 nicht mehr

Höre bitte genau zu:
Ganz leise
  singt der Wind
  das Lied der ewigen Liebe
  Das Lied seiner unerfüllten Liebe:
„Liebe, die Liebe
  überlebt tausende Tode
Liebe, die Liebe
  ist unsterblich

Liebe, die Liebe
      kennt nicht Zeit und Raum
Liebe, die Liebe
      überlebt tausende Tode"

Stille bitte meine Sehnsüchte:
      Deine Liebe so großartig
      Deine Liebe so tief
      Deine Liebe so vertraut
 Bitte belebe mich wieder
      bitte erquicke mich
      bitte erlöse mich
Bitte überschütte mich
      mit Deiner Liebe,
      denn ich brauche Dich

… Ja, ich brauche Dich so sehr
  Bitte gib Dich mir hin
      gib Dich mir einfach hin …

Markt Schwaben, am 26.07.2012 um 00:00 Uhr

Bitte warte dort auf mich

Wo der Himmel voller Hingabe
   die eine Erde umarmt
   sie bebt und bebt
So eine innige Vereinigung „Sangam"
   hat die Welt noch nicht gespürt

Bitte warte dort auf mich

Wo die Nacht, die junge Braut
   der Tag, der stolzer Bräutigam
in der Abenddämmerung
   verschmelzen
So eine Hochzeitsnacht voller Magie
   hat die Welt noch nicht erlebt

Bitte warte dort auf mich

Wo der Fluss,
   der ewige Wanderer
   eine Reise ohne Ende
   die unruhige Seele beruhigt
So einen Seelenfrieden,
so eine Stille „Shanti"
   hat die Welt noch nicht empfunden

Bitte warte dort auf mich

Wo der Baum, wie ein Heiliger
    vor sich hin meditiert
    sich in den Himmel reckt
    auf seiner Erlösung wartet
Solch große Sehnsucht
    hat die Welt noch nicht gehabt

Bitte warte dort auf mich

Wo die Mangoblüten blühen
    magischer Duft die Welt verzaubert
    der goldene Blütenstaub
        die Erde im Schlaf zudeckt
    der Wind, die Sterne, der Mond, die Götter
        Alle leise das Schlaflied anstimmen
So ein Ritual
    hat die Welt noch nicht zelebriert

Bitte warte dort auf mich

Wo der Wind
    unter dem Mangobaum
    sanft durch Deine Haare fährt
    sehr liebevoll Dein Gesicht streichelt
… das bin ich, das sind meine Hände
    - auch wenn es mich nicht mehr gibt -
So eine sinnliche Berührung
    hat die Welt noch nicht gespürt
Bitte warte dort auf mich

Unter dem Mangobaum
    wo meine Seele auf Dich wartet,
        sich nach Deinem Wohlergehen sehnt,
        auf Erfüllung meiner Liebe wartet,
        auf Erlösung wartet
Ich weiß,
dort wartest Du auf mich

Bitte warte dort auf mich

Deine Liebe für mich existiert überall
    in den Winden, in allen Gewässern,
    in den Abenddämmerungen,
    in den Bäumen, in den Blüten,
    in den Düften, die der Wind trägt,
    überall auf allen Erden
Dein Herz schlägt
    immer noch für mich
So einen kräftigen Herzschlag
    hat die Welt noch nicht gespürt

Das ist Deine Art mich zu lieben …

Bitte warte dort auf mich.

Markt Schwaben, am 14.09.2012, um 00:15 Uhr

Ohne Worte

Und die Menschen
    redeten und redeten
    zerredeten alles
… dann hatten die Worte
    keine Bedeutung mehr

Räume zwischen zwei Worten
    verschwanden langsam
Große Worte
    es wurden große Worte
    lautlos, alles einfach wortlos
… dann hatten die Worte
    auf einmal keine Bedeutung mehr

… daran zerbrach die Erde
Die Erde bewegte sich nicht mehr
Die Meere, die Ozeane
    bebten nicht mehr
Die Sterne leuchteten nicht mehr
Alles stand still und leblos
Das Leben verschwand
… denn die Worte hatten
    keine Bedeutung mehr

Die Berge – nur graues Gestein
    kein Gras, kein Baum
    nicht mal Donner und Blitz
    Totenstille
Sie saß da und schaute in den Himmel
    und weinte und weinte
… denn die Worte hatten
    keine Bedeutung mehr

Eine Träne auf dem Gestein
    Wasser
    Elixier des Lebens
erweckte neues Leben
belebte ein kleines zartes Pflänzchen
… ihre Liebe, ihre Sehnsüchte
    ihre zarten Hände
    schützten das kleine Pflänzchen
… denn sie brauchte dann
    keine Worte mehr

Ich bin das erste Wesen
    das Du wiederbelebtest
Ich bin Adam und lege
    mein Leben in Deine zarten Hände
Bitte beschütze mich
    wie das kleine zarte Pflänzchen
… dazu brauchtest Du
    keine Worte mehr

Bitte lass mich
    Deine Liebe fühlen
    Deine Liebe spüren
    auch ohne jegliche Worte
… denn auch „Nicht-Worte"
    haben nunmehr Bedeutung

Markt Schwaben, am 28.08.2012, um 5:30 Uhr

Das Wunder, worauf er wartete

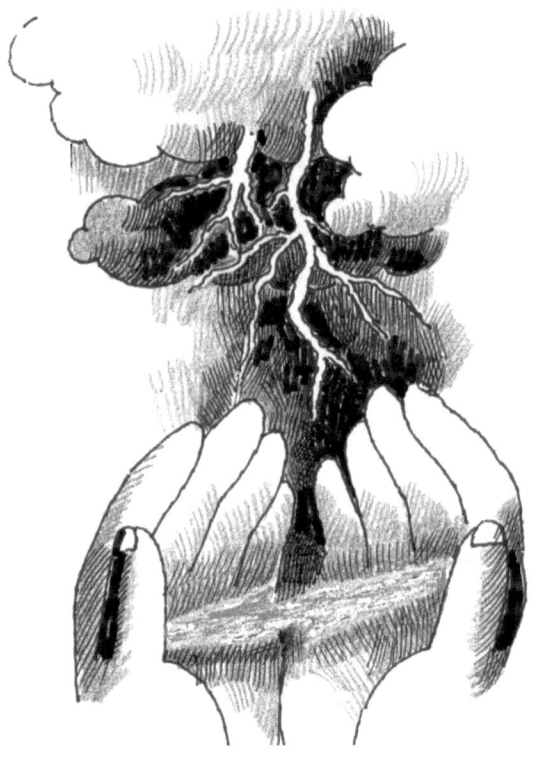

Wunder geschehen einfach nicht mehr
Oder doch?
Er hat überlebt, und er lebt noch
Ist das kein Wunder?

Nach der Geburt
    abgelegt auf der Tempeltreppe
Der Tempel, das war seine Bleibe
    das war sein Zuhause
Gott hat ihn bemerkt
… und so hat er überlebt, und er lebt noch
Das war das Wundervollste dabei

Harte Arbeit- Tag und Nacht
wunde Hände, blutige Hände
    Er fühlte die Schmerzen nicht mehr
Lautlose Schreie
„Ich will leben, Ich will überleben"
Das war das einzige Wunder, das er ersehnte

Freude, Glück, Liebe
    wurden ihm versagt
Das kannte er nicht
    hat er auch deshalb nie vermisst
Er wollte leben, nur leben
Er wollte einfach überleben
Das war das einzige Wunder, wofür er kämpfte

Wissen ist Macht, sagte man ihm
Nach der harten Arbeit
    Abendschule, Abendstudium
Er kämpfte und kämpfte
    fürs Leben, zum Überleben
… und er schaffte und schaffte Alles
Das war das Wundervollste dabei

William Shakespeare
    lehrte ihn, was Liebe ist
John Keats
    lehrte ihn, was Leidenschaft ist
Elizabeth Browning zeigte ihm,
    wie tief und auf welcher Weise man liebt
Die Anderen lehrten ihn, zu leben
Das war das Wunderschönste dabei

Das aber sind Worte, große Worte
    die ihn beindruckten
    aber solche Liebe erlebte er nie
… und er sehnte sich nach Liebe
    und Geborgenheit
Jetzt wollte er geliebt werden,
    jetzt wollte er lieben
Das war das Wunder, worauf er wartete

Dann kamst Du
      und mit Dir das Wunder
gabst ihm, was er nie hatte
gabst ihm, was er nie erlebt hatte
Du verbrachtest das unvorstellbare Wunder

Bitte schreie bis hinein in den Himmel:
„Ich liebe Dich so sehr"
„mein Liebling, Ich liebe Dich sehr"
 „mein Schatz, Ich liebe Dich so sehr"
Lass es Shakespeare hören
Lass es John Keats hören
Lass es Elizabeth Browning hören,
      wie recht sie hatten
Das ist das Wundervollste auf der Welt

„Mein Schatz", „mein Liebling"
Worte, die er nicht kannte
      die ihm bisher Keiner sagte
Diese Worte
      werden die Welt verändern
Liebe verändert die Welt
Das ist das Wundervollste auf der Welt
Das ist das Wunder, worauf er wartete

Markt Schwaben, am 17.10.2012 um 23:30 Uhr

Mein Weg

Und sie sagten mir
   „Das ist der Weg,
   den musst Du gehen"
Der Weg war hart und steinig
   oft bin ich gestolpert
   oft hab ich mir wehgetan
   oft hab ich geweint
Aber sie sagten mir
immer und immer wieder
   „Das ist der Weg,
   den musst Du gehen"

Dann kamst Du
Du sagtest
„Wo Du bist,
   das ist der Weg,
   das ist Dein Weg"
Du hast mich begleitet
Du gabst mir Liebe
Ich bin bei Dir
… Das ist mein Weg"

Wo ich bin,
   das ist mein Weg …

München, am 18.05.2013 um 21:00 Uhr

My way

And they told me
"that's the way,
    you've got to take that one"
Often was the way hard and stony
    often I stumbled,
    it pained and ached so much,
    often I cried
But they preached me again and again
"that's the way,
    you've got to take that one"

Then you entered my life
and told me
"where ever you are,
    that's the way
    that's your way"
You have accompanied me on this way
    and gave me so much love
    I'm with you
...And that's my way"
Where ever I'm
    exactly that's my way"

Markt Schwaben, dated 18th of May 2013 at 9 p. m.

Dich kann man ja nicht bändigen

Mein Verstand sagt,
    sei ruhig, Du redest viel und vergisst dabei,
    auch Worte können manchmal Einen erschlagen

Mein Geist sagt,
    das sind Worte, nur Worte
    was bedeuten sie denn überhaupt?

Mein Herz sagt,
    schütte Dein Herz aus
    gib den Worten die Freiheit

Meine Seele sagt,
    alles hat ein Ende,
    wenn es Dich nicht mehr gibt

Deine Liebe sagt,
    sprich ruhig weiter,
    ich höre Dir so gern zu

Du sagst,
    bitte bleib bei mir,
    denn ich lieb Dich so sehr
    Du darfst wieder reden,
    denn Dich kann man ja nicht bändigen

Bitte sag was …

Markt Schwaben, am 20.12.2012 um 05:45 Uhr

Ich weiß, was Liebe ist

Glaubt mir,
  ich weiß, was Liebe ist
  ich verstehe die Liebe

Als Baby lag ich im Sterben
  meine Mutter kümmerte sich um mich so liebevoll,
  dass der Tod sich davor erschreckte
Glaubt mir,
  Ich weiß, was „beschützt werden" heißt
  ich weiß, was Liebe ist

Ich – ein Straßenkind
  keine Bleibe, nicht mal Platz zum Schlafen
  Nächstenliebe in manchen Herzen von der Straße
  half mir zum Überleben
Glaubt mir,
  ich weiß, was „Herzen schlagen" heißt
  ich weiß, was Liebe ist

Ich – einsam und allein
der alte Baum am Straßenrand
  gab mir Schatten und Geborgenheit
Glaubt mir,
  ich weiß, was „geborgen sein" heißt
  ich weiß, was Liebe ist

Ich – ein ewiger Wanderer
der Fluss am Stadtrand
    beruhigt heute noch meine unruhige Seele
Glaubt mir,
    ich weiß, was „beruhigt werden" heißt
    ich weiß, was Liebe ist

Dann tratst Du in mein Leben ein,
ich wurde geflutet Tag für Tag von Sonnenschein
    die Sonne scheint seitdem besonders schön für mich

Du tratst in mein Leben ein,
Ich wurde geflutet Nacht für Nacht von Mondschein
    der Mond scheint seitdem besonders hell für mich

Du tratst in mein Leben ein,
Ich wurde stets begleitet von dem Polarstern
    der Polarstern glänzt seitdem besonders hell für mich

Glaubt mir,
    ich weiß, was „nicht einsam sein" heißt
    ich weiß, was Liebe ist

Du begleitest mich, Du bist bei mir
es geht in meinem Leben seitdem so hoch her
    ich bin voller Elan und Energie
    ich bin von viel Lebenslust erfüllt
    meine Leidenschaft geht mir seitdem durch
Glaubt mir,
    ich weiß, was „leidenschaftlich sein" heißt
    ich weiß, was Liebe ist

Glaubt mir,
    ich weiß, was Liebe ist
    ich verstehe die Liebe

Markt Schwaben, am 03.07.2013 um 23:45 Uhr

Ich liebe Dich so sehr…

Mein Leben
    ein wunderbares Gedicht,
    das der da oben schrieb
Und ich mag es so sehr
Ich weiß,
    Geschmäcke sind verschieden
… aber ich liebe dieses Gedicht so sehr

Mein Leben
    ein wunderschöner Traum,
    den der da oben zauberte
Und ich träume so gern
Ich weiß,
    Träume sind Luftblasen,
    die zerplatzen so schnell
… aber ich träume diesen Traum so unheimlich gern

Mein Leben
    voller Liebe zu Dir,
    die mir der da oben schenkte
Und ich liebe Dich so sehr
Ich weiß,
    das sind große Worte, vielleicht ohne Bedeutung
… ich lebe aber nur für diese Liebe so sehr

Mein Leben
    ein tosender Fluss,
    den nur der da oben beruhigen kann
Und ich lass mich mitreißen - so stürmisch
Ich weiß,
    ich rede und rede wie ein Wasserfall,
    den niemand bändigen kann
…Ich möchte aber Dir wieder und wieder und so oft
erzählen:
    „ich liebe Dich so sehr, ja, ich liebe Dich so sehr…"

Markt Schwaben, am 11.03.2013 um 20:45 Uhr

Dein Lächeln ist ein Gedicht

Ein goldgelbes Ahornblatt
fällt vom Baum herab, vom Winde verweht
an einem sonnigen Herbsttag
Zweck seines Daseins ist erfüllt,
wenn Du es mit beiden Händen fängst

Ein schweifender Stern
fällt und fällt vom Himmel herab
in einer wunderschönen Sommernacht
Sein Sommernachtstraum ist erfüllt;
wenn Du ihn mit Deinen großen Augen anstarrst

Ein kleiner Regentropfen
fällt unauffällig von einem Wolken herab
an einem heißen Sommertag
Seine Sehnsüchte sind erfüllt,
wenn er auf Dein Gesicht fällt, Dein Gesicht küsst

Ich, ein heimatloser Vagabund
wandert und wandert unruhig
wie immer, jeden Tag
Er hält eine Weile inne
wenn Du ihm ein Lächeln schenkst

Wenn Du ihm ein Lächeln schenkst
Es ist ein Rätsel, wie er dann fühlt
sprachlos, nur noch sprachlos
schimmert seine zitternde Seele,
denn Dein Lächeln ist ein Gedicht -
ein wunderbares Gedicht

Kitzingen, am 19.10.2014 um 00:30 Uhr

Ich wünschte mir …

Ich wünschte mir
      ich wäre ein fallender Stern
      mit einem leuchtenden Schweif
      Einen Moment lang würde ich Dich verzaubern
Wünsch Dir was,
      alle Deine Wünsche gehen in Erfüllung

Ich wünschte mir
      ich wäre ein Blitz am Himmel
      Für einen kleinen Moment würde ich Dich
beeindrucken
Hab keine Angst,
      ich bin Deine Liebe

Ich wünschte mir
      ich wäre das einzige Gänseblümchen
      auf der Wiese
      Eine kurze Zeit würde ich
      Deine Blicke auf mich ziehen
Hab keine Sorge,
      dass ich verwelke

Ich wünschte mir
    ich wäre ein Schmetterling -
    ein Nachtfalter
    Dein Antlitz zieht mich an
    wie das Kerzenlicht in der Nacht
    Ein winziger Moment
    dann verbrenne ich in Deiner Liebe

Weine nicht,
    ein winziger Moment der Liebe
    übersteht tausendmal tausend Tode

Markt Schwaben, am 04.08.2013 um 15:45

Ich wünschte mir so sehr …

Ich wünschte mir,
Du würdest den Engel sehen,
den ich sehe,
wenn ich tief in Deine Augen sehe

Ich wünschte mir,
Du würdest den Glanz hinter den Sternen sehen,
den ich sehe,
wenn ich tief in Deine Augen sehe

Victor Hugo sagte,
„in der Liebe sehe ich das Antlitz Gottes"
Ich wünschte mir,
Du würdest das Antlitz Gottes sehen,
das ich sehe,
wenn ich tief in Deine Augen sehe,

Ich wünschte mir,
Du würdest den tiefsten Sinn in der Liebe erkennen,
den ich sehe,
wenn ich tief in Deine Augen sehe

Ich wünschte mir so sehr,
Du würdest mir das alles glauben
Du würdest einfach das alles glauben.

München, am 19.06.214 um 8:00 Uhr

Ich bin vielleicht anders als die Anderen

Oft weine ich im Traum
die Tränen fließen von meiner Wange herab
Ich wach auf und sage mir
Männer weinen doch nicht, oder?
Ich schon
Ich bin vielleicht anders als die Anderen

Oft bin ich früh morgens traurig
Dein liebes Gesicht friedlich, noch im Schlaf,
fasziniert betrachte ich Dich
Ich frag mich, warum dann diese Traurigkeit?
Warum die Ängste?
Ich bin vielleicht anders als die Anderen

Du bist bei mir, ich lieb Dich sehr
Auch wenn Du nicht da bist,
kann ich Dein Gesicht visualisieren -
das Gesicht meines Mädchens -meiner Frau
Meine Sehnsucht nach Dir - unstillbar
Ich bin vielleicht anders als die Anderen

Was mich bewegt, ich weiß es nicht
Bewusst bringe ich doch alles zum Ausdruck:
wie stark meine Gefühle sind,
wie lebhaft meine Phantasie ist
Vielleicht deshalb die Traurigkeit?
Ich bin vielleicht anders als die Anderen

Ja, Ich bin anders als die Anderen
Meine Liebe so intensiv,
Meine Liebe so tief,
Meine Liebe so wahr
Wahre Liebe so rar
Darum bin ich anders als die Anderen

Ich erkenne meine Defizite
Ich hab noch soooo viel zu lernen,
Ich lerne so viel von Dir
Du zeigst mir den Weg
Du begleitest mich auf diesem Weg
Du passt auf mich auf
Darum bin ich anders als die Anderen

Ja, Ich bin anders als die Anderen
Um von Dir geliebt zu werden,
muss man etwas Besonders sein
Du liebst mich sehr
Deine Liebe ist göttlich
Darum bin ich etwas sehr Besonders
Darum bin ich anderes als die Anderen

Mein Leben, das schenke Dir
Das ist meine Opfergabe an Dich – an meine Göttin
Darum bin ich anders als die Anderen

Markt Schwaben, am 22. Juli 2013 um 23:00 Uhr

Der Beginn eines wahren Märchens

So viele Wünsche
So viele Träume
So viele Sehnsüchte
Aber oft hat es sich bewahrheitet,
was ich immer dachte
„Liebe, das sind Worte – nur Worte"

Oft hab ich erlebt:
„Liebe kommt und geht"
Oft zerbrach mein Herz daran
Oft hab ich gewünscht,
mein Herz wäre aus Stein -
kein Schmerz, keine Sorgen,
auch keine Erwartungen

Ich gab aber trotzdem niemals auf
und ich glaubte immer daran
„Eines Tages trittst Du in mein Leben
voller Liebe, perfekter Liebe
Und das wird der Beginn
eines wahren Märchens"

Deine Liebe wird
immer ein Teil meines Herzens sein,
immer ein Teil von mir sein …
Das ist in der Tat
    Der Beginn eines wahren Märchens

München, am 01. 08.2013 um 5:30 Uhr

Wo Liebe ist, da ist auch das Leben

Dunkle Nacht – alles Pechschwarz
Ich fürchte mich so sehr
Manchmal hab immer noch Angst
vor dem schwarzen Mann
Ich verkrieche mich in Deine Arme
Ich fühle mich beschützt
Dafür liebe ich Dich sehr

Der Tag ist verbracht
Einiges hab ich geschafft,
einiges auch nicht geschafft
Das nicht getane macht mich unsicher
das macht mich klein
Deine Worte machen mich dann stark
Dafür liebe ich Dich sehr

Meine Welt voller Traurigkeit
Es wurde mir viel weh getan,
die Wunden sind immer noch nicht heil
Deine Augen strahlen viel Liebe aus,
Das Lächeln auf Deinen Lippen
Das alles beruhigt mich sehr
Das macht mich glücklich
Dafür liebe ich Dich sehr

„Wo L I E B E ist,
da ist auch das L E B E N"
sagte Mahatma Gandhi
Die Liebe hält mich am Leben
ICH LIEBE, ICH LEBE…

Einen Tag weniger als Du lebst,
mag ich leben, dann muss ich nicht mal
einen einzigen Tag ohne Dich leben,
denn nur Du hältst mich am Leben

München, am 02.12.2012 um 12:30 Uhr

Heiratsantrag

Als Kind nahm mich meine Mutter an der Hand,
wir gingen spazieren:

Regenbogen
    zauberhaft und wunderschön
    meine Augen wurden immer größer
    ich fragte mich
    wer hat wohl den Regenbogen gemalt?

Wiesenblumen
    bunte Mischung aus Blumen und Grünen
    meine Augen wurden immer größer
    ich fragte mich
    wer hat wohl das alles geschmückt?

Glöcklein in der Abenddämmerung
    die zauberhafte Klänge
    meine Augen wurden immer größer
    Ich fragte mich
    was läuten diese wohl ein?

Komet
    der leuchtende Schweifstern
    meine Augen wurden immer größer
    ich fragte mich
    wohin mag es wohl in so eine Eile fliegen?

Nun bin groß,
lauf mit Dir Hand in Hand,
Und nun weiß ich endlich:
    Der Regenbogen schmückt sich für Dich
    die Wiesenblumen bereiten das Hochzeitsbett für Dich
    die Glöcklein stimmen die Hochzeitsmusik an
    für Dich
    das Sternlein verkündet Nachricht unserer Hochzeit

Nun ist ja alles perfekt
Du, die hübsche Braut
    ich, der stolze Bräutigam
    der Vollmond ist unser Priester
    der Polarstern unser Trauzeuge
    bitte lass mit der Hochzeitszeremonie beginnen
    die Welt und die Hochzeitsgäste warten nun
    so sehnsüchtig darauf

Markt Schwaben, am 22.05.2013 um 21:30 Uhr

Der Glaube

Als Kind glaubte ich an den Weihnachtsmann
Als Kind glaubte ich an das Christkind

Ich sagte
    Papa nimm mich an der Hand und
    lass uns den Weihnachtmann suchen
Ich sagte
    Papa nimm mich an der Hand und
    lass uns das Christkind suchen

Der Weihnachtsbaum war Beweis
    der Weihnachtsmann war da
Der Weihnachtsbaum war Beweis
    das Christkind war da

Nun bin ich alt
der Weihnachtsbaum ist wie jedes Jahr da
Je älter man wird, desto verliert man zwar die Illusionen
Je älter man wird, desto zerplatzen zwar die Träume
Je älter man wird, desto stärker wird aber der Glaube
Ich glaube deshalb immer noch
    an das Christkind
Ich glaube deshalb immer noch
    an den Weihnachtsmann

Danke Norbi, Du hast mir meine Glaube an mich
zurückgegeben und gestärkt.

München, am 11.12.2013 um 20:30 Uhr

Das Leben ist schön

Winzling im Kinderwagen
  große Kulleraugen
  strampelt und strampelt
  herzhaftes Lachen
So eine Freude
  lässt Dein Herz aufblühen
Freude bereiten, zum Lachen bringen
  Ist „DAS LEBEN" nicht schön?

Jemand einsam und allein
  im Park
  Tränen im Blick,
  Traurigkeit
Du fragst
  „Kann ich Ihnen helfen?"
Trösten wollen,
  mitfühlen
  Ist „DAS LEBEN" nicht wertvoll?

Hohes Alter
  immer noch verliebt
Sie streichelt zärtlich sein Haar
  Vertraulichkeit,
  Zufriedenheit im Gesicht
So eine Liebe
  überwältigt das Herz
Liebe schenken, Liebe erleben
  Ist „DAS LEBEN" nicht lebenswert?

Sich Verknallen
    geht ziemlich schnell
Verlieben
    dauert etwas länger
Aber Liebe
    hält bis in die Ewigkeit
So eine tiefe Liebe
    bis in die Unendlichkeit
    Ist „DAS LEBEN" nicht liebenswert?

München, am 25.11.2012 um 17:00

Die Welt ist aus Herzen gemacht

„Die Welt ist aus Herzen gemacht
Herzen, die miteinander in Beziehung stehen
Es gibt ein Beziehungsgefüge
    im ständigen Wandel, mit der Lebendigkeit"
sagt Prof. Dr. Hans-Peter Dürr.

Er ist ja Physiker und
alternativer Nobelpreisträger
Er muss es ja schließlich wissen

Was für Herzen,
Was für Beziehungen
darüber sagt er nichts

Wie viele Herzen davon
    in dieser Welt sind zerstört
    von der menschlichen Kälte
    Egoismus und Machtkämpfe
Was tragen diese Herzen dazu bei,
    die Welt aufrecht zu halten?

Wenn ein Winzling im Kinderwagen
    strampelt und strampelt
    so herzhaft lacht
    Das bringt Dein Herz zum Aufblühen
Die Herzen dieser Welt schlagen dann schneller und
stärker

Du bist einsam und allein
    hast Tränen in Augen und bist voller Traurigkeit
    Ein Fremder fragt Dich:
    „kann ich Ihnen helfen?"
    Das bringt Dein Herz zum Aufblühen
Die Herzen dieser Welt schlagen dann schneller und
stärker

Du bist im Not
    Dein Freund hat selbst nichts
    Er gibt Dir das letzte Hemd und sagt:
    „das ist alles, was ich habe"
    Das bringt Dein Herz zum Aufblühen
Die Herzen dieser Welt schlagen dann schneller und
stärker

Ja, Du hast recht Professor
    alle diesen Herzen stehen
    in Beziehungen miteinander
    und halten die Welt aufrecht
Die Herzen dieser Welt schlagen dann immer stärker und
stärker

Ja, Du hast recht Professor
    auch wenn eines Tages die Sonne erlischt
    wird die Welt niemals untergehen,
    denn es gibt ein Beziehungsgefüge
    im ständigen Wandel, mit der Lebendigkeit
Die Herzen dieser Welt schlagen dann immer stärker und stärker

„Die Welt ist aus Herzen gemacht
Herzen, die miteinander in Beziehung stehen"
sagt Prof. Dr. Hans-Peter Dürr.
Und ich bin so froh und stolz,
dass auch mein Herz ein kleines Bisschen dazu beiträgt,
    die Welt aufrecht zu halten

Eine so große Persönlichkeit, wie Prof. Dr. Hans-Peter Dürr, trifft man nicht jeden Tag. Professor, es war mir eine sehr große Ehre, Dich kennengelernt zu haben. Professor, Du wirst immer in meinem Herzen einen besonderen Platz haben, solange mein Herz noch schlägt.

Markt Schwaben, am 27.06.2013 um 19:30

Die göttliche Liebe (The Divine Love)

Ich war mal ein Engel
mit weißen Flügelchen
und mit allem Drum und Dran
konnte mich aber von meiner Seele nicht trennen
Das war halt mein Schicksal

Der Gott sagte
„gehe auf die Erde und
lerne was Liebe ist"

Ich fiel auf die Erde
Es war so dunkel und kalt
Ich bettelte
„Bitte, helft mir, mich friert es so sehr"
Alle sahen, half aber keiner

Ich ging zurück und sagte:
„Da herrscht nur die menschliche Kälte,
kann doch keine Liebe keimen"

Der Gott lachte
Ich fiel wieder auf die Erde

Ich sah
wie Menschen sich zerfetzen
Wie Kleinkinder
erschossen werden
Ich sah Hunger und Not
Ich sah viel Grausamkeit

Ich ging zurück und sagte:
„Da herrscht nur der Tod,
kann doch keine Liebe leben"

Der Gott lachte
Ich fiel wieder auf die Erde

Doch ich sah
Menschen können lieben
Trotzdem viel Egoismus, viel Eigensinn
Überall nur das „ICH" und „nur ICH"
Viele Anforderungen, Viele Bedingungen,
viele Einschränkungen
Man beruhigt sich
ich hasse Dich doch nicht

Ich ging zurück und sagte:
„Da herrscht nur der menschliche Egoismus,
kann doch keine Liebe überleben"

Der Gott lachte
Ich fiel wieder auf die Erde

Dann kamst Du
Deine Liebe so aufopfernd
Deine Liebe so tief
Deine Liebe so schützend über mich
Deine Liebe so schön
Deine Liebe so göttlich
Your Love so Divine

Der Gott sagte
„du hast Deine Lektion gelernt
Du hast gelernt, was Liebe ist"

.. dann musste ich zurück
Ich wollte nicht,
aber ich ließ Dich allein zurück
Deine Liebe hat mich auf Erden beschützt
Deine Liebe hat mich auf Erden geschützt
Möge Deine Liebe nun Dich schützen
Möge Deine liebe nun Dich beschützen

Schau da oben, die Sterne leuchten
Vielleicht erkennst Du mich
Ich warte auf Dich
Ich halte Wache auf der Himmelspforte
Ich halte Dir die Himmelstür auf
.. und ich warte und werde warten

Markt Schwaben, am 25.08.2012 um 01:00 Uhr

Bitte lass mich nicht allein auf dieser Welt

Ich sehe,
    wie Menschen kaputt gemacht werden
    wie ihre Seelen getötet werden
dann denke ich mir
    Du bist falsch auf diese Welt

Ich sehe,
    wie kleine Kinder gequält werden
    wie ihre kleinen Seelen daran kaputt gehen
dann denke ich mir
    Du gehörst nicht auf dieser Welt

Ich sehe,
    wie Menschen einander fremd werden
    wie ihre Seelen sich befremden
dann denke ich mir
    Du bist ein Fremder auf dieser Welt

Ich sehe
    hilflose Menschen und ich kann nichts tun
Ich bin dann
    sehr traurig, ganz niedergeschlagen
    und ich muss weinen und weine sehr bitterlich
dann denke ich mir
    Du bist ein Feigling auf dieser Welt

Ich sehe,
    Du bist nicht da und ich ganz allein
    Du aber merkst meine Traurigkeit
    einfach telepathisch
    dann ein Anruf von Dir,
    Deine beruhigende Stimme
dann möchte ich nicht mehr
     wegrennen

Ich sehe
    Du zeigst der Welt, was Liebe ist
    schenkst der Welt so viel Liebe
    Deine Liebe und Zuversicht lassen mich wachsen
    lassen mich gegen das Böse kämpfen
    - auch wenn ich dabei zu Grunde gehen muss -
Bitte komm und hilf mir
    lass mich nicht allein auf dieser Welt

Dieses DU, das bist DU ..

München, am 06.07.2012

Und wartet immer noch weitere dreißig Jahre

Das kleine Vogelbaby
gestürzt beim ersten Flugversuch
schwer verletzt, kann kaum noch fliegen
Vogelmama passt auf das Vogelbaby auf
So hat sie dem Tod getrotzt
Und so hat das Vogelbaby doch noch überlebet

Die Tage sind so heiß und lang
Ein kleines Baby
mit hohem Fieber, fast im Sterben
Seine Mutter drückt das Baby an sich
hält es ganze Nacht fest
So hat sie den Tod getrotzt
Und so hat das Baby doch noch überlegt

Die Nächte sind so kalt und lang
Ich friere mich sehr
Schüttelfrost mit hohem Fieber
Ich krieche in Deine Arme
Du drückst mich an Dich
Du hältst mich warm
So hast Du den Tod getrotzt
Und so hab ich hab es doch noch überlebt

Die Tage sind nun schön
die Nächte erst recht
Dich zu fühlen, Dich zu spüren
das ist das größte Glück auf Erden
Du bist mein Glück, Du bist mein Schicksal
Mich kann nun nichts mehr etwas anhaben
Auch der Tod wagt sich nicht mehr, zu stören
und wartet immer noch weitere dreißig Jahre

Anmerkung
Wenn es nichts dazwischen kommt, habe ich vor, noch
weitere dreißig Jahre zu leben. Hochmutig? Ich weiß es
nicht.

München, am 27.01.2014 um 12:30 Uhr

Der müde Wanderer

Die alte, blinde Frau sprach:

Du, müder Wanderer
    wohin des Weges?
    wo willst Du hin?
    warum so eilig?
    bleib ein wenig hier
    ruh Dich aus

Du, müder Wanderer
    verweil hier ein wenig
    ruh Dich ein bisschen aus
    Du bist müde, sehr erschöpft
    trink was, iss was
    bleib eine Weile hier

Mütterchen.
    ich hab keinen Hunger
    ich habe keinen Durst
    ich muss weiter und weiter
    das Schicksal hat so bestimmt
    wohin, weiß ich selbst nicht
    Ich bin wie ein vertrockneter alter Baumstamm,
    den der wilde Fluss mit sich trägt
    wohin, danach fragt auch keiner

Mütterchen,
    meine Mutter starb bei meiner Geburt
    mein Vater setzte mich einfach aus
    nur ein verwahrloster Hund begleitete mich
    nun ist auch er tot
    seitdem bin ich ständig unterwegs
    wohin weiß ich selbst nicht

Ja, Mütterchen,
    ich muss weiter und weiter
    denn ich komm nicht zur Ruh
    ich kenn nichts anderes
    wohin, weiß ich selbst nicht
    Ich bin wie ein vertrockneter alter Baumstamm,
    den der wilde Fluss mit sich trägt
    wohin, danach fragt auch keiner

Mütterchen,
    ich hörte von Geborgenheit
    was das ist, wie das ist
    Ich weiß es nicht,
    ich kenn das nicht
    deshalb hab ich es auch nie vermisst

Mütterchen,
    es ist nicht Wasser auch nicht Brot,
    das ich vermisse
    Was ist Geborgenheit?
    Erklär mir, was das ist
    Ist das was Gutes?
    Tut das sehr weh?
    Hab so viel Schmerz erfahren,
    auch diesen werd ich ertragen

Mütterchen,
    schenk mir ein bisschen Geborgenheit
    auch wenn diese sehr weh tut
    Ich weiß nicht, was eine Mutter ist
    ich weiß nicht, wie eine Mutter ist
    Bitte zeig mir das,
    schenk mir ein wenig Geborgenheit,
    auch wenn diese sehr weh tut

Mütterchen,
    sie sprachen auch von der Liebe
    sie sprachen von der Nächstenliebe
    was das ist, weiß ich auch nicht
    Ist das was Gutes?
    Tut das sehr weh?
    Hab so viel Schmerz erfahren,
    auch diesen werd ich ertragen

Mütterchen,
     nun bin ich müde, so müde
     ich bin müde des Wanderns
     bin einsam und allein,
     denn auch mein Hund ist tot
     Ich bin einfach müde des Lebens

Mütterchen,
     gib mir ein wenig Geborgenheit
     dann bleib ich eine Weile hier
     vielleicht komm ich dann zur Ruhe
     bitte lass mich ein bisschen ruhen,
     vielleicht bin ich dann daheim
     Gott wird Dir dafür danken

Markt Schwaben, am 21.03.2013 um 20:30 Uhr

Hätte ich doch nur noch einen Tag mehr…

Hätte ich doch nur noch einen Tag mehr zum Leben
  Nein, ich würde nicht alles zurückdrehen wollen
  Nein, ich würde nicht alles anderes machen
  auch nicht meine Fehler korrigieren wollen
Hätte ich doch nur noch einen Tag mehr zum leben
  ich würde alles so lassen, wie es war

Hätte ich doch nur noch einen Tag mehr zum Leben
  wüsste ich, was ich machen würde

■

Hätte ich doch nur noch einen Tag mehr zum Leben
  würde ich in einem Teil davon meine ganze Kindheit
  wieder erleben, als ich ein Baby war
Hätte ich doch nur noch einen Tag mehr zum Leben
  würde ich, Mama, immer wieder das Gefühl erleben
  wollen, das ich hatte, als ich in Deinen Armen lag
  keine Sorgen, keine Verantwortung
  nur ich - ich durfte nur ICH sein
  Ich würde von Dir so umsorgt werden, Mama,
  als ich Sterbens krank war
  Ich würde Mama, Dich einfach als „Meine Mama"
  noch einmal erleben
Hätte ich doch nur noch einen Tag mehr zum Leben
  würde ich einen Teil davon Mama,
  nur bei Dir sein wollen

■

Hätte ich doch nur noch einen Tag mehr zum Leben
würde ich in einem Teil davon
die ganze Liebe erleben, die Du mir schenktest
Hätte ich doch nur noch einen Tag mehr zum Leben
würde ich mein Liebling, immer wieder das Gefühl
erleben wollen,
das ich hatte, als ich in Deinen Armen lag
alles voller Liebe war, alles so wunderbar
nur Du und ich – das völlige Einssein
Ich würde von Dir so umarmt werden, mein Liebling,
als ich traurig war und als ich viele Sorgen hatte
Ich würde mein Liebling, Dich einfach als
„Meine Liebste" noch einmal erleben
Hätte ich doch nur noch einen Tag mehr zum Leben
würde ich einen Teil davon mein Liebling,
nur bei Dir sein wollen

∎

Hätte ich doch nur noch einen Tag mehr zum Leben
würde ich in einem Teil davon
die Freundschaft erleben, die Du mir schenktest
Hätte ich doch nur noch einen Tag mehr zum Leben
würde ich mein Freund, immer wieder das Gefühl
erleben wollen, das ich hatte,
als Du immer für mich da warst
voller Verständnis und mir stets Zuversicht gabst

Du und ich, zwei Brüder - eine Seele
Ich würde von Dir so beruhigt werden, mein Freund,
als ich unsicher und am Ende war
Ich würde mein Freund Dich, einfach als „Mein bester
Freund" noch einmal erleben
Hätte ich doch nur noch einen Tag mehr zum Leben
würde ich einen Teil davon mein Freund
nur bei Dir sein wollen

■

Hätte ich doch nur noch einen Tag mehr zum Leben
würde ich in einem Teil davon
mein Leben noch einmal erleben,
das der Schöpfer mir schenkte
Hätte ich doch nur noch einen Tag mehr zum Leben
würde ich mein Schöpfer, immer wieder
das Gefühl erleben wollen,
als Du mir den Weg aufzeigtest,
ein guter Mensch zu werden,
mein Karma besser zu gestalten
Ich würde von Dir geleitet werden, mein Schöpfer,
diese Erde und das Leben zu verlassen
Ich würde mein Schöpfer, Dich einfach als
„Mein ewiger Begleiter" noch einmal erleben

Hätte ich doch nur noch einen Tag mehr zum Leben
   würde ich einen Teil davon mein Schöpfer,
   nur bei Dir und nur bei mir sein wollen

Mathias – der Hindu aus Deutschland,
Danke, dass Du mir den Weg zu meinem Schöpfer
gezeigt hast

Markt Schwaben, am 23.01.2013 um 21:45 Uhr

Zweidrittel meines Herzens…

Zweidrittel meines Herzens schenk ich Dir,
denn Ein-Drittel ist bereits tot…
Warum, wieso, weiß ich nicht
Vielleicht bin ich als Krüppel geboren
    vielleicht war das meine Kindheit
    vielleicht waren es die Straßen in Mumbai
    Vielleicht hat es doch mein Schicksal so bestimmt
Ich weiß es wirklich nicht

Zweidrittel meines Herzens schenk ich Dir
Ich hab ja sonst nichts
Mit George Clooney konkurrieren kann ich nicht
Auch mit Richard Gere mithalten kann ich nicht
Ein Prinz, der Dich rettet, bin ich auch nicht
Das Einzige, was ich kann:
Zweidrittel meines Herzens schenk ich Dir
Dieser Teil ist so voller Liebe und so voller Zärtlichkeit
    Das Ein-Drittel behalt ich aber für mich

Eine ganz heile Welt kenn ich nicht
die Machtgier und der Egoismus der Menschen
    so viele Sorgen, so viele Ängste
    so viele Unsicherheiten,
    so viele Überlebenskämpfe
    Wie viele Seelen gehen zugrunde daran?
    auch das ist das Leben
Das ist es, das Ein-Drittel der Welt

Der Rest Zweidrittel ist aber traumhaft schön und so
lebenswert
Dieses Zweidrittel wird alles überleben,
wird alles überstehen

Zweidrittel meines Herzens schenk ich Dir
das ist so groß, da passt die ganze Welt hinein
Solche Herzen gibt es Unzählige auf Erden
Bitte lass uns gemeinsam versuchen, diese zu schützen,
    damit diese der Erde lange erhalten bleiben
Das appellier ich an die Kraft Deines Herzens

München, am 07.01.2013 um 20:30 Uhr

Erwartungen

Der Fluss,
  blaues Wasser, sauberes Wasser
  ich wollte als Kind so gern
  am Ufer spielen, meine Füße ins Wasser strecken
  einfach ins Wasser laufen,
Das alles durfte ich nicht
  meine Mutter hat es mir verboten
Nun bin ich groß und frei, endlich darf ich alles
aber den Fluss, meinen Fluss,
  gibt es nicht mehr
  er ist vertrocknet, überall sind nur Akazienbäume

Mein Herz weint
  denn mir läuft die Zeit davon
Ich möchte schreien, laut schreien, kann aber nicht

Der Mangobaum,
  in voller Pracht, schöne grüne Blätter
  bedeckte den Boden mit goldenem Blütenstaub
  ich wollte als Kind so gern
  mich in den Blütenstaub wälzen
  auf den Baum klettern
Das alles durfte ich nicht
  meine Mutter hat es mir verboten
Nun bin ich groß und frei, endlich darf ich alles
aber den Mangobaum, meinen Baum,
  gibt es nicht mehr
  er ist vertrocknet, er ist tot

Mein Herz weint
 denn mir läuft die Zeit davon
Ich möchte schreien, laut schreien, kann aber nicht

Das kleine Mädchen,
 so schön, so zauberhaft
 tanzte wie eine kleine Fee
 ich wollte als Kind so gern
 mit ihr tanzen, sie einfach gern haben,
 mich in sie verknallen
Das alles durfte ich nicht
 die Gesellschaft und ihre Moral haben es mir verboten
Nun bin ich groß und frei, endlich darf ich alles
Das Mädchen ist nun groß, aber
 ich sehe sie tanzen mit einem Anderen
 Er, blaue Augen, Charme, Geld , beindruckend
 er hat alles – einfach alles, was ich nicht habe

Und mein Herz weint
 denn mir läuft die Zeit davon
Ich möchte schreien, laut schreien, kann aber nicht

Mein Freund Alex sagt:
    erwarte nichts, denn
    Erwartungen provozieren Enttäuschungen
Er hat wohl recht

Mein Herz ist nun still und weint nicht mehr,
    denn die Zeit - unendliche Zeit,
    ist das einzige, das ich nun habe
Ich möchte nicht schreien, nicht mehr schreien,
    kann es auch nicht mehr

Alex, danke, dass Du es immer schaffst, mich zu trösten.

Markt Schwaben, am 17.04.2013, um 21:00 Uhr

Schön, sich zu verlieren, sich zu vergessen

Sich zu verlieren, sich zu vergessen,
    seine Identität zu verlieren – anonym bleiben
    ist was Schönes,
    ist was Wunderbares

Ein Sternlein am Sternenhimmel
    so unbedeutend, Du siehst es nicht
    geht unter in der Milchstraße - einfach so
Ist das nicht schön,
    sich zu verlieren, sich zu vergessen,
    sich mit seiner Umgebung zu vereinen,
    einfach seine Identität zu verlieren – anonym bleiben?

Ein Sandkörnchen in der Wüste
    so unbedeutend, Du merkst es nicht
    trägt bei, das Sandgebilde zusammenzuhalten –
    so ehrfürchtig
Ist das nicht schön,
    sich zu verlieren, sich zu vergessen,
    sich mit seiner Umgebung zu vereinen
    einfach seine Identität zu verlieren - anonym bleiben?

Ein Tröpfchen im warmen Regen
    so unbedeutend, Du siehst es nicht
    tanzt auf tosenden Wellen im Ozean - furchtlos
Ist das nicht schön,
    sich zu verlieren, sich zu vergessen,
    sich mit seiner Umgebung zu vereinen,
    einfach seine Identität zu verlieren - anonym bleiben?

Unzählige Menschen um mich
    ich so unbemerkt, Du siehst mich nicht
    tauche in der Menschenmasse unter - so sorglos
Ist das nicht schön,
    sich zu verlieren, sich zu vergessen,
    sich mit seiner Umgebung zu vereinen,
    einfach seine Identität zu verlieren - anonym bleiben?

Ich
    lass mich mitreißen
    schau weder links noch rechts
    halte Ausschau nach Dir - Du bist nicht da
    aber Dein Bild erscheint vor mir
    ich sehe Dich einsam spazieren
Das ist wunderbar,
    Dich nicht zu verlieren, Dich nicht zu vergessen,
    Dich bei mir zu haben
    So verliere ich mich selbst in meinem Traum
    so vergesse ich mich in meinem Traum

Das ist schön,
    sich zu verlieren, sich zu vergessen,
    sich einfach mit seinem Traum zu vereinen

Markt Schwaben, am 13.12.2012 um 02:00 Uhr

Sein Schicksal, seine Bestimmung

Was für Schicksal, was für Ähnlichkeiten
mit dem tapferen Ritter des John Keats:
    „Was schmerzt Dich so sehr, o, Du tapferer Ritter
    Dein Gesicht so bleich, ziellosherumlungernd
    Warum so einsam und allein?"
    „Was schmerzt Dich so sehr, o, Du tapferer Ritter
    so erschöpft und ausgezehrt und Dein Trauer so tief?"

Er war kein Ritter,
    tapfer auch nicht
    trotzdem was für Ähnlichkeiten?
Mit Liebe und Elan
    trat die wunderhübsche in sein Leben
Sie sagte:
    „sie liebe ihn sehr"

Sie brachte ihm so viel Neues bei:
    „das Leben lieben
    die Liebe leben"
Glücklich, überwältigt
    das war er endlich
Ihre Aufgabe, sagte Sie
    hat das Schicksal bestimmt;
    „ihn zu retten,
    ihn zu befreien
    ihm zu helfen
    ein hilflose Kreatur, das sei er"

Wovor müsste sie ihn retten?
Wovon müsste sie ihn befreien?
Was für Hilfe bräuchte er?

…Und nun ist ihre Aufgabe erfüllt,
nun müsse sie gehen, sagte sie

„Das schmerzt mich sehr
darum mein Gesicht so bleich,
darum ziellosherumlungernd
darum bin ich einsam und allein"
„Das schmerzt mich sehr,
darum bin ich erschöpft und ausgezehrt
und mein Trauer so tief"

John Keats schrieb eine der schönsten und sehr
eindrucksvollen Balladen der Welt „La Belle Dame sans
Merci" (Die wunderhübsche Dame ohne Gnade). Diese
Ballade ist im mittelalterlichen Stil geschrieben.
Eigentlich gibt es keine faire Damen, triumphierende
Affären noch gut aussehende Ritter. John Keats erzählte
eine dunkle Geschichte eines Ritters, der eine schöne
Verführerin getroffen hat, die am besten als den Tod
beschrieben werden kann.

München, am 08.05.2013 um 05:30 Uhr

Das ist doch nicht das Ende der Welt …

Wenn Du sehr traurig bist
    es Dir nicht gut geht
    und ich Dir nicht helfen kann
dann geht meine Welt unter
dann ist das das Ende meiner Welt

Wenn mein Freund viele Sorgen hat
    es ihm nicht gut geht
    und ich ihm nicht helfen kann
dann geht meine Welt unter
dann ist das das Ende meiner Welt

Wenn irgendwo ein Baby unter Hunger leidet
    nicht einmal weinen kann
    und seine Mutter ihm nicht helfen kann
dann geht ihre Welt unter
dann ist das das Ende ihrer Welt

Wenn Worte ihre Bedeutung verlieren
    Menschen einfach alles zerreden
    und Liebe und Glück nur fünf Buchstaben bleiben
dann geht die ganze Welt unter
dann ist das das Ende der Welt

Wenn so viel Leiden, so viele Sorgen,
    so viele Ängste im Leben überwiegen
    und wir nicht mehr daran denken:
    „das hätte auch mich treffen können"
dann trifft das die Welt sehr hart
dann geht die Welt sicherlich zu Ende

Auch wenn ihr nichts habt
    reicht Eure Hand
    schenkt einfach ein freundliches Lächeln
    trocknet den Andren die Tränen
    macht den Anderen ein bisschen Mut
Dann merkt die Welt ganz sicher „Das ist das Leben"
    dann ist das Leben doch so schön
    dann ist die Welt ein kleines Bisschen geheilt

Mehr braucht man nicht
    Auch das Kleinste wird dann zum Größten
dann ist die Welt viel glücklicher
dann ist die Welt doch noch so schön
Und es lohnt sich so sehr, in dieser Welt zu leben

München, am 20.12.2012, um 09:00 Uhr

Und sie brachten meinen Hund um ...

Er war ein Straßenhund
    einsam, allein und heimatlos, wie ich
    eigentlich, nicht mein Hund
… und sie brachten ihn einfach um
sie brachten meinen Hund um

Ihre Mutter gebar sie als siebtes Kind
    ihr Schicksal, sie war kein Junge
    eigentlich, nicht meine Schwester
… und sie brachten sie einfach um
sie brachten meine Schwester um

Ich, ein Straßenkind
    außer Betteln blieb mir nichts
    einsam, allein und heimatlos, das bin ich
    eigentlich, nicht meine Bestimmung
… und sie brachten meine Kindheit einfach um
sie brachten meine Seele um

Hast Du gesehen, wie die Sterne weinen?
    eigentlich, sie weinen für mich
    dieselben Sterne leuchten besonders hell für Dich
    die Sonnenstrahlen in Deinem Gesicht
    machen Dich so glücklich
    der grüne Wiese
    bringt Dein Herz zum Blühen
    bitte schenk mir ein bisschen davon
bitte schenk mir ein Bisschen von Deinem Glück

Hab keine Mutter, bitte sei eine Mutter für mich
Hab keinen Vater, bitte sei ein Vater für mich
hab keinen Freund, bitte sei ein Freund für mich
hab so eine Sehnsucht, bitte sei die große Liebe für mich
… bitte lehre mich zu leben
bitte lehre mich zu lieben
Der Gott beschütze Dich …

Ich danke Dir für alles.

München, am 05.01.2013, um 8:00 Uhr

Wer bist Du?

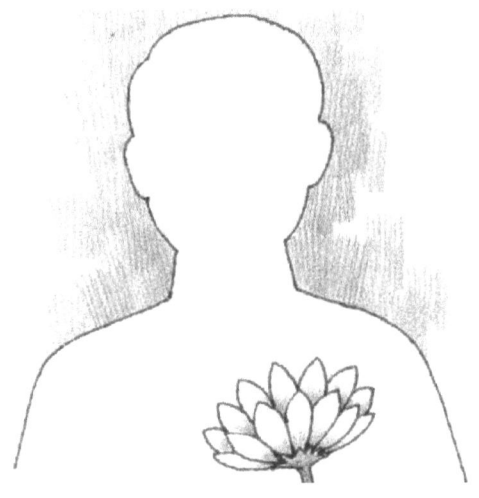

Wer bist Du?
     Wer bist Du?
Du bist mein Freund
Du bist mein Bruder

Du bist ein sehr Lieber,
     der viel Liebe gibt
Immer da für die Anderen, das bist Du
     für selbst immer zuletzt, das bist Du
Deshalb bist Du mein Freund
Deshalb bist Du mein Bruder

Wer bist Du?
     Wer bist Du?
Du bist mein Freund
Du bist mein Bruder

Durch Deine empfindsame Art
     hast die Welt berührt
     gingst aber selbst dabei ein
Deshalb bist Du mein Freund
Deshalb bist Du mein Bruder

Wer bist Du?
     Wer bist Du?
Du bist mein Freund
Du bist mein Bruder

Für diese Welt
    nur ein Alien, das bist Du
Für mich aber
    Du bist mein Freund
    Du bist mein Bruder

Wer bist Du?
    Wer bist Du?
Du bist mein Freund
Du bist mein Bruder

Danke, dass es Dich gibt
    Eines Tages wird die Sonne scheinen
    besonders schön für Dich
denn Du bist mein Freund
denn Du bist mein Bruder

Wer bist Du?
    Wer bist Du?
Du bist mein Freund
Du bist mein Bruder

Danke, dass es Dich gibt
    Eines Tages wird am Himmel ein Stern leuchten
    besonders hell für Dich
    wenn es Dich nicht mehr gibt
Sehr stolz werde ich dann darauf zeigen
    Das ist mein Freund
    Das ist mein Bruder

Wer bist Du?
    Wer bist Du?
Du bist mein Freund
Du bist mein Bruder

Danke Detlef, nun weiß ich endlich, wer ich bin

Markt Schwaben, am 13.06.2012

Das lässt mein Herz höher schlagen

Fluss,
    der ewige Wanderer
    mit tiefen und flachen Wassern
    manchmal wild, manchmal tosend,
    manchmal ruhig,
    der meine unruhige Seele mit sich reißt
    mir das Endlose des Lebens zeigt
Das lässt mein Herz höher schlagen
    lässt mein Herz einfach zerspringen

Wind,
    der stürmisch Reisende
    mit sanften Brisen, mit heftigen Stürmen
    macht mir die Vergänglichkeit des Lebens bewusst
    Ist wie ein Vater,
    der meine Wangen streichelt
    zärtlich mein Haar berührt
Das lässt mein Herz höher schlagen
    lässt mein Herz einfach zerspringen

Mond,
    der wunderbare Magier
    mit Zauberkräften und sanften Lichtstrahlen,
    der mir das Geheimnisvolle des Lebens offenbart
    Wie eine Mutter,
    die mein Gesicht so lieb küsst
Das lässt mein Herz höher schlagen
    lässt mein Herz einfach zerspringen

Du,
    das liebevollste Wesen
    das wunderbarste Wesen auf der Welt,
    die mir das Wesentliche des Lebens zeigt
Deine Liebe so tief, Deine Liebe so ewig
    das macht mich unsterblich
Das lässt mein Herz höher schlagen
    lässt mein Herz einfach zerspringen

Mein Herz,
    voller Gefühle bebt und bebt
    ich rede und rede dann wie ein Wasserfall
    Worte, Worte ohne Ende
Glaub mir, das bin nicht ich
    das ist mein Herz, das so viel erzählt,
    Dir die inneren Werte des Lebens erklärt
Das lässt mein Herz höher schlagen
    lässt mein Herz einfach zerspringen

Wenn es mich nicht mehr gibt
Wenn ich nicht mehr da bin,
der Fluss, der Wind, der Mond,
    meine unruhige Seele
    werden alle bei Dir sein
    Dir meine Worte leise weiter zuflüstern
    Dir Kraft und Mut zum Leben schenken
Bitte sei nicht traurig, denn
Das lässt mein Herz immer noch höher schlagen
    lässt mein Herz einfach zerspringen

Menschen sterben
   auch Herzen stehen still
   aber wahre Liebe stirbt nie
   Deine und meine Liebe stirbt nie
   Was wäre die Erde ohne Liebe?
   Was wäre das ewige Leben ohne Liebe?
Genau das lässt mein Herz immer noch höher schlagen
   lässt mein Herz einfach zerspringen

München, am 26.11.2012 um 5:30 Uhr

Endlich hast Du Dich in mich verliebt ...

Kleines Mädchen,
ich sah Dich zärtlich berühren -
das letzte Gänseblümchen auf der Wiese
Ich fragte Dich,
schenkst Du mir das Blümchen?
Nein, Blumen tötet man nicht!
Ich war sehr beeindruckt
Ich mochte Dich seitdem sehr

Junges Mädchen,
Ich sah Dich leidenschaftlich beobachten -
die kleinen Muscheln am Strand,
bevor die große Welle sie verschleppte
Der zärtliche Ausdruck in Deinem Gesicht,
das Gesicht meines kleinen Mädchens
ich war sehr überwältigt
Ich verliebte mich sofort in Dich

Großes Mädchen,
heut ist Sternschnuppen-Nacht
heut ist Höhepunkt des Perseiden-Stroms
Schnapp Dir eine Decke und Deinen Wunschzettel
Komm mit mir auf Sternschnuppen-Jagd
Alle Deine Wünsche gehen in Erfüllung
Vielleicht bist auch Du sehr begeistert,
und verliebst Du Dich dann in mich

Mein Mädchen - meine Frau,
Ich lege Dich sanft auf die Wolken -
wie eine Fee
Ich decke Dich mit weichen Wolken zu -
wie eine Göttin
Ich verdecke den Mond mit einer Wolke,
dass Du ausruhen kannst
Ich lege meine Träume, meine Sehnsüchte
und auch mich neben Dich
Du bist dann unglaublich verzaubert,
und hast Dich endlich in mich verliebst

Markt Schwaben, am 01.09.2013 um 23:30 Uhr

Sternschnuppennacht

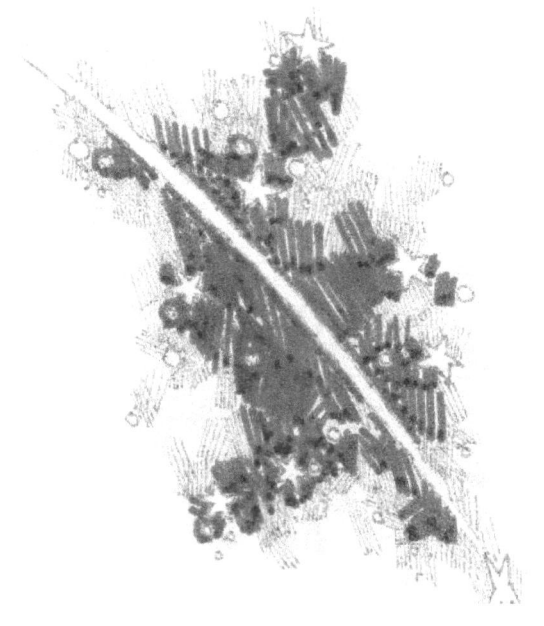

Und heut ist wieder
    so eine Sternschnuppennacht
Supermond und tausende,
    aber tausende Sternschnuppen
lassen mein Herz höher
    und höher schlagen
heut ist wieder
    so eine Sternschnuppennacht

Wie ein kleines Kind,
    sieht viele Spielsachen
ist völlig durcheinander
weiß nicht, was es als erstes nimmt
Das lässt sein Herz höher
    und höher schlagen
auch mir geht es so, denn
heut ist wieder
    so eine Sternschnuppennacht

Heut ist wieder
    so eine Sternschnuppennacht
Supermond und tausende,
    und aber tausende Sternschnuppen
Ich weiß nicht, was ich mir wünsche
Ich hab so viele Wünsche
Sie lassen mein Herz höher
    und höher schlagen
heut ist wieder
    so eine Sternschnuppennacht

Heut ist wieder
    so eine Sternschnuppennacht
Was wünsche ich mir?
Was möchte ich am liebsten?
Das erübrigt sich alles, denn
die Nacht ist pechschwarz
viele dunkle Wolken
    bedecken den Supermond
    bedecken die Sternschnuppen
... und heut ist wieder
    so eine Sternschnuppennacht

Heut ist wieder
    so eine Sternschnuppennacht
Ich möchte Dir
    ein kleines Sternchen fangen
    halt meine beide Hände fangbereit
Aber ich sehe keinen Mond
Ich sehe keine Sterne – auch keine Sternschnuppen
Ob dann meine Wünsche in Erfüllung gehen'?
... und heut ist wieder
    so eine Sternschnuppennacht

Eines Tages wird
    der Mond wieder leuchten,
    die Sterne werden wieder schweifen
     dann werde ich Dir ein Sternchen fangen
Es wird wieder
    so eine Sternschnuppennacht geben

Parsdorf, am 12.08.2014 um 21:30 Uhr

Das erste Menschenkind

Das erste Kind übergaben Eva und Adam
   der Mutter Erde
   so naiv, so unbelastet vom Schicksal und von Allem
   das Blut in seinen Adern so rein und so göttlich
   Mit großen Kulleraugen, mit großer Begeisterung
   schaute es die Welt an, schaute das Universum an
   Es lachte und lachte so herzhaft
Die Mutter Erde freute sich sehr ihres Lebens

Nun Alles wendete sich auf einmal
   unzählige Menschenkinder wuchsen heran
   Die Menschenkinder lernten „Nein" zu sagen
   lernten das „ICH", kannten kein „WIR"
   „ICH BIN DER GOTT", dachten die Menschenkinder
   Die Welten wurden geteilt in „MEINe" und „DEINe"
   Der Egoismus und Macht herrschten überall
   und legten die Mutter Erde in Ketten
Die Mutter Erde war nun so sprachlos in ihrem Leben

Für jedes Menschenbaby, das verhungert
   für jedes Menschenbaby, das ausgesetzt wird
   für jedes Menschenbaby, das in der Mülltonne liegt
   für jedes Menschenbaby, das misshandelt wird
   für jedes Menschenbaby, das im Krieg getötet wird …
   leidet die Mutter Erde so sehr
   bebende Ozeane, gewaltige Tsunamis, unzählige
   Vulkanausbrüche, …
Die Mutter Erde weint und weint unaufhörlich in ihrem
Leben

Schaut, was wir getan haben?
Schaut, wovon wir träumten?
Schaut, durch unsere Adern
    fließt doch immer noch das Blut
    des ersten Menschenkindes
Deshalb lachen Menschenbabys immer noch so herzhaft
Irgendwo auf der Welt schützt irgend ein kleines
Mädchen
    ein sterbendes Menschenbaby
Irgendwo auf der Welt streichelt das Mädchen
    zart seine Wangen und sein Haar
Nur so überlebt die Liebe und ist nicht tot zu kriegen
Die Mutter Erde beruhigt sich wieder in ihrem Leben

Die Liebe ist unsterblich,
    hält alles am Leben
    lässt Himmel und Erde zusammenwachsen
    Liebe aller Wesen auf der Erde
    schenkt Mutter Erde die Unsterblichkeit
    Bitte helft Alle, lasst unsere Liebe wachsen
    Helft, diese Welt ein kleines bisschen zu bessern
Morgen wird alles anders sein
    glaubt mir, es wird alles gut werden

Markt Schwaben, am 06.12.2012 um 24:00 Uhr

Liebe aller Wesen

Bitte sing mir das Lied
von den zwei Königskindern,
die hatten einander so lieb

Auch ich erzähle Dir dann
von zwei Kindern
auch die hatten einander so lieb

Da hörst Du keine Glöckchen läuten
Da hörst Du keinen Jammer und Not
Ein Panzer überrollte sie und alle beide waren tot

Bitte erzähle mir das Märchen
von dem Prinzen,
der heiratete ein armes Mädchen,
das Aschenputtel

Auch ich erzähle Dir dann ein Märchen
von einem armen Mädchen aus Mumbai,
das geboren wurde zum Betteln
Da kam kein Prinz und rettete sie

Da hörst Du keine Glöckchen läuten
Da hörst Du keinen Jammer und Not
Ein Bus überrollte sie und auch sie war tot

Bitte erzähl mir die Liebesgeschichte
von dem Großmogul
seiner Geliebten errichtete er den Taj Mahal,
das entsprang aus einem Märchen
das entsprang aus einem Traum

Auch ich erzähle Dir dann die Geschichte
von zwanzig tausend Arbeitern,
die das Weltwunder bauten
Wie viele von denen mussten sterben,
damit so was nicht nochmals entstehe

Da hörst Du keine Glöckchen läuten
Da hörst Du keinen Jammer, keine Not
die sind nun alle tot

Nun erzähle ich Dir die Geschichte der Liebe
einfach die Geschichte der Menschenliebe
… die Geschichte Deiner und meiner Liebe
Nichts kann diese jemals zerrütten
Kein Großmogul kann diese zerstören
übersteht alle heftige Stürme
auch im Angesicht des Todes

Die Liebe, die ist unsterblich
und überlebt tausend Mal tausende Tode
Das ist die Liebe auf allen Welten
Das ist die Liebe in allen Universen
Das ist die Liebe aller Wesen
… ganz einfach, das ist Deine und meine Liebe

Mögen alle Wesen in allen Welten, in allen Universen
miteinander in Harmonie und Liebe leben …

Markt Schwaben, am 17.06.2012 um 23:30 Uhr

Lass einfach den Zug vorbei fahren…

Du stehst da, der Zug kommt
blitzschnell, in Sekunden handeln
was geht Dir durch den Kopf?
Was ist geschehen,
dass Du so handelst
dass Du drum und dran bist, alles aufzugeben?

Wie viel musstest Du ertragen?
Was alles musstest Du über Dich ergehen lassen?
Was muss wohl geschehen,
wenn ein Mensch wie Du soweit ist,
dass es ihm alles egal ist,
dass er sich selbst nicht mehr Wert ist
dass er an sich nicht mehr glaubt?

So gern würde ich Deinen Schmerz
auf mich nehmen
so gern würde ich Dir
Mut und Zuversicht schenken
so gern würde ich Deine Ängste wegnehmen
so gern würde ich Dich zurückhalten
auch ich bin manchmal sehr verzweifelt
Hab keine Angst, gib nicht auf

Ich verstehe Dich sehr gut,
Im Nachhinein wirst Du es verstehen
Liebe, Zuneigung, Erfolge, Misserfolge, …
Spielt das alles überhaupt eine Rolle?
Mit der Zeit ist das alles nicht so wichtig
nur Du bist es, der etwas bedeutet
Hab Dich selbst Lieb, glaub an Dich selbst
Lieb Dich selbst!

Der Schöpfer gab Dir das Denken
Der Schöpfer gab Dir das Herz
Der Schöpfer gab Dir zwei Augen
Der Schöpfer gab Dir zwei Hände
Nutz das alles, gib nicht auf
Ich verstehe, was in Dir vor geht

Glaub mir,
nur Du bist es, der etwas bedeutet
Gib nicht auf, glaub an Dich selbst

Denk daran, Du bist was Wert,
Du bist etwas sehr Besonders
Ist das so wichtig,
was die Anderen denken?
Glaub an Dich selbst, sei einfach DU

Sag „Ich bin etwas sehr wertvolles"
Gib nicht auf, glaub endlich an Dich selbst

Lass einfach den Zug vorbei fahren…

Patrizia, gib nicht auf.

Markt Schwaben, den 19.03.2013 um 00:30 Uhr

Der kleine Rebell

Ein unwichtiges Staubkörnchen
  war er
Eines Tages rebellierte das Staubkörnchen
  und setzte die ganze Sandwüste in Bewegung

Ein unbemerkbares Wassertröpfchen
  war er
Eines Tages rebellierte das Wassertröpfchen
  und wühlte das Meer durcheinander

Ein nicht bedeutsames Männlein
  war er
Eines Tages rebellierte das Männlein
  und setzte Himmel und Erde in Bewegung

Blitz und Donner, große Tornados
  war das Resultat
Alles ging in die Flammen auf

Das Feuer war so stark und lodernd
  er wurde verbrannt und wurde vernichtet

Der Wind trug seine Asche
    diese verschwand in den Sandbergen
    diese wurde verschluckt von den Meeren
    die Erde bebte und bebte

Er wurde Asche zu Asche und Erde zu Erde

Dort blühen nun die Wiesenblumen so schön
Dort ist die Mutternatur wieder so schön
Dort spielen nun wieder die Menschenkinder so schön

Das nicht bedeutsame Männlein wurde
    auf einmal doch so groß

München, am 13.01.2013 um 21:30 Uhr

Die Überlebensstrategien

Meine Mutter war
Analphabetin und sehr arm
Mein Vater war
ein Säufer und sehr krank
Meine Geschwister, acht an der Zahl,
waren hilflos und auch krank
Überlebensstrategie
kannten sie auch keine

Meine Eltern
sahen keinen Ausweg
und gaben sie uns
an die Reichen weg

Die Pflastersteine
auf denen Du läufst
habe ich eigenhändig
in Jaipur geklopft

Der Teppich
auf dem Dein Hund hockt
den hat meine Schwester
in Indore geknüpft

Das Seidenkleid
das Du trägst
hat meine blinde Mutter
im Dunkeln genäht

Meine kleinste Schwester
triffst Du in Mumbai
auf der Straße
wie sie bettelt

Ja wir irgendwie haben
 das elende Leben
doch noch überlebt

… und die Anderen?
Sind heute beim Gott
Vor dem Elend des Lebens
schützt sie nun der liebe Gott …

Ulla, die ungewöhnliche Kombination von „Bits /
Bytes und Gedichte" sowie die Kombination von
„Realität und Fantasie" hast Du bei mir immer
geschätzt.

Von diesem Gedicht warst Du besonders
beindrückt. Ich danke Dir dafür.

Markt Schwaben, am 11.07.2012, um 23:30

Ich verstehe Deine Sprache nicht

Deine Worte überall im Raum
Deine Stimme noch in meinen Ohren
Ich weiß, was Du sagen willst
Ich verstehe Dich aber nicht
Ich verstehe Deine Sprache nicht

Wie viele Worte braucht man
    die Liebe zu beschreiben
    wenn man die Liebe nicht kennt
    wenn man das Gefühl nicht kennt?
Ich verstehe Dich dann nicht
Ich verstehe Deine Sprache nicht

Wie viele Qualen musste
    Aschenbach von Thomas Mann durchstehen
    als der Knabe seine göttliche Liebe nicht verstand?
Auch Du verstehst mich nicht
    und redest und redest
Ich verstehe Dich aber nicht
Ich verstehe Deine Sprache nicht

Lord Tennyson sagte
    'Tis better to have loved and lost
    Than never to have loved at all."
Ob er jemals Jemanden so liebte wie ich?
Ich verstehe ihn aber so gut
Ich verstehe seine Sprache so gut

Vielleicht ist dann doch gut zu lieben
    als niemals geliebt zu werden
Ja, es ist immer besser zu lieben,
    als niemals geliebt zu werden
Hoffentlich verstehst Du dann mich
Hoffentlich verstehst Du meine Sprache

Helsinki, am 29. 05.2012, um 23:00 Uhr

Man vadhal vadhal (Der Geist so stur, so stur ..) von Bahinabai Chaudhari

Marathi (Original)	Übersetzung
मन वढाळं, वढाळं, उभ्या पिकातलं ढोरं किती हाकला हाकला, फिरुन येतं पिकांवर	Der Geist so stur, so stur so wie ein verspieltes Kalb in frischer Ernte so oft verscheucht, so oft zurückgekehrt
मन मोकाट, मोकाट, याच्या ठाई ठाई वाटा जशा वाऱ्यानं चालल्या, पान्यावरल्या रे लाटा	Der Geist so frei, so frei beschreitet unzählige Wege So wie Wasserwellen getrieben von Winden
मन लहरी लहरी त्याले हाती धरे कोनं? उंडारलं उंडारलं जसं वारा वाहादन	Der Geist so launig, so launig wer kann ihn wohl bändigen? So wild, so wild wie der Wind
मन पाखरु पाखरु, याची काय सांगू मात आता होतं भुईवर, गेलं गेलं आभाळातं	Der Geist wie ein Vogel, wie ein Vogel lass Dir erzählen Im Augenblick auf dem Boden und im Nu oben im Himmel

मन जहरी जहरी, याचं न्यारं रे तंतर अरे विंचू साप बरा, त्याला उतारे मंतर	Der Geist so giftig, so giftig die Wirkung so unvorhersehbar Skorpione, Schlangen harmlos dagegen, denn Mantras heilen ihre Gifte
मन एवढं एवढं, जसा खसखसचा दाणा मन केवढं केवढं, त्यात आभाळ माईना	Der Geist so klein, so klein so wie Mohnkörnchen Der Geist so groß, so groß kann aber die Größe des Himmels nicht erfassen
असं कसं मन देवा, असं कसं रे घडलं कुठे जागेपणी तुला, असं सपन पडलं	Was für ein Geist, oh Gott, was hast Du uns damit angetan Was für einen Tagestraum hast Du wohl gehabt

Bahinabai Chaudhari (1880 - 3 Dezember 1951) war eine begnadete Marathi Dichterin in Maharashtra, Indien.

Bahina wurde mit 5 mit einem 30 Jahre alten verwitweten Brahman verheiratet.

Obwohl früh verwitwet, war sie sehr selbstsicher und
unabhängig.
Bahina, völlige Analphabetin, war aber trotzdem eine
vollendete Dichterin. Sie komponierte ihre Gedichte
verbal und ihr Sohn schrieb diese auf. Ihre Gedichte
reflektieren die kleinsten Momente der Beobachtungen
der Natur und des Menschenlebens um sie herum.
Sie zeigen ihren Sinn für subtilen Humor und viel
Weisheit.

Übersetzt von Damodar Paralkar (Raja) von dem
Originalgedicht in Marathi.

Anmerkung
Alle diese Informationen stammen aus meiner Schulzeit
in Indien. Selbst in meiner Schulzeit war ich von diesem
Gedicht so beeindruckt, dass es mein Lieblingsgedicht
wurde, deshalb musste ich es unbedingt übersetzen.

Am eigenen Leib habe ich erfahren, „mein Geist kann
nicht gebändigt werden – ich kann das so wie so nicht".
Marathi ist die Sprache des Bundesstaates Maharashtra
und stammt von Sanskrit ab. Marathi hat eine lange
literarische Geschichte. In den letzten sieben
Jahrhunderten entstand eine umfangreiche Literatur auf
Marathi.

München, am 19.12.2012, um 17:00 Uhr

Sonnet #18: Shall I compare thee to a summer's day?
by William Shakespeare

Shall I compare thee to a summer's day? Thou art more lovely and more temperate;	Darf ich Dich mit einem Sommertag vergleichen? Denn Deine Art so liebevoll und so sanft
Rough winds do shake the darling buds of May, And summer's lease hath all too short a date;	Dem Sturmwind weichen die lieblichen Blüten im Mai, Und allzu bald vergeht die Sommerzeit
Sometime too hot the eye of heaven shines, And often is his gold complexion dimm'd;	Zu heiß manchmal das Himmelsauge glüht Meist ist seine goldene Aura getrübt
And every fair from fair sometime declines, By chance or nature's changing course untrimm'd;	Und Verfall droht allem, was in Schönheit blüht durch Zufall oder durch unaufhaltsamen Lauf der Natur
But thy eternal summer shall not fade, Nor lose possession of that fair thou ow'st;	Doch Dein Sommer, Deine Aura, verbleibe in Ewigkeit Verwelke nie der Zauber Deiner Schönheit

Nor shall Death brag thou wander'st in his shade, When in eternal lines to time thou grow'st:	Nie solle der Tod prahlen, du gingest in seinen Schatten, wenn du heranwächst, mit der Zeit
So long as men can breathe or eyes can see, So long lives this, and this gives life to thee.	Solange die Menschen atmen, solange das menschliche Auge sehen kann wird dieses Gedicht bestehen und Dir ewig das Leben schenken

–William Shakespeare

Übersetzt von Raja Paralkar am 15.08.2012 um 00:40 Uhr

Für das Liebste und das Schönste der Welt – für das Gottesgeschenk Doris